SAINTETÉ
DU SERMENT

EXAMEN

DU TRAITÉ DE M. MADROLLE SUR CET IMPORTANT SUJET.

DÉDIÉ

Aux Électeurs et Députés de 1846.

Par

A. GUICHON de GRANDPONT,

Électeur dans le Département du Finistère.

CHERBOURG,

Imprimerie de THOMINE.

1846.

Tu ne te parjureras point.

                  [DÉCALOGUE],

.... Non ego perfidum
Dixi sacramentum.

                  [HORACE].

§ Ier.

Parmi tant de paroles actuelles, il en est une que j'ai choisie et que j'affectionne depuis ma grande jeunesse comme la mieux sentie, la plus éclairée, la plus bienfaisante, la plus substantielle, la plus vive de toutes, et conséquemment aussi la plus vraie. Elle n'est ni dynastique, ni opposante, ni parlementaire, ni guerrière, ni populaire, ni impopulaire même;.... elle est FIDÈLE, et je m'en contente. *Cum sapiente et conscientioso viro consilium habe.* (De Imit. Chr. I. 3) — N'en déplaise à M. Eugène Sue, *le Juif dans l'erreur.*

Mais fidèle à qui, dira-t-on, ou à quoi? — Apparemment, répondrai-je, à tout ce qui mérite fidélité : *Dieu et César.* Je ne connais, en effet, pas un mot, pas un acte de M. Madrolle qui ne rende fidèlement à Dieu et à César ce qui leur est dû : et je n'en ai point trouvé ailleurs, de notre temps, un si éclatant témoignage. *Or tout est là.*

Quand sa bonne parole intervient au milieu de nos bruits
et de nos disputes, soyez sûr qu'elle va pénétrer tout de
suite, et tout droit, au cœur de chaque question; en décou-
vrir, en toucher le point sensible; donner le sens de l'é-
nigme; appeler les choses (et aussi, un peu trop, les hommes)
par leurs noms; dire et parfois prédire la seule solution
morale universellement acceptable. Bénie et encouragée
hautement par le pouvoir spirituel, à la sainte mission
duquel elle concourt, cette voix de l'homme simple et fort
n'a pas moins été dévouée depuis trente ans aux pouvoirs
sociaux, en proclamant avec chaleur, mais sans passion,
sans esprit de parti, à leurs adversaires et à eux-mêmes,
toutes les vérités, souvent fort dures, que les uns et les
autres ne peuvent méconnaître, dont ils ne peuvent s'é-
carter sans se mettre en péril avec la société entière, par
lesquelles au contraire ils peuvent se sauver et grandir
ensemble dans les siècles et au-delà.

Il va sans dire que notre ami ne peut accomplir son
œuvre sans tourmenter bien des amours-propres, des inté-
rêts et des consciences. Aussi a-t-il de nombreux ennemis
qui, prétextant de certaines bizarreries de caractère et de
style, comme de quelques erreurs sans doute, se disent et
feignent de se croire hors de la portée de sa parole, supé-
rieurs à ses enseignements, étrangers ou indifférents à ses
remontrances. Il n'en est rien. Quelques-uns sont allés
jusqu'à le taxer de dureté de cœur ou de travers d'esprit.
Je rendrai hautement témoignage de l'élévation de l'un et
de la parfaite charité de l'autre, tout en convenant qu'il
pratique d'une façon trop absolue l'axiome : *Qui benè casti-
gat, benè amat*, et que parfois il précipite trop sur les plus
hautes renommées la sévérité de son jugement. — *Qui benè
audit, benè capiat !...*

Aujourd'hui, l'auteur original, inimitable, des *Magnifi-*
cences de la Religion et de tant d'écrits transcendants, d'une
filiation et d'un accord providentiels, vient de mettre au
jour (sous le titre de *Manifeste de l'Eglise romaine dans le*
monde politique) une vaste exposition de théologie, de droit
et d'histoire, avec leurs applications aux grandes questions
qui agitent maintenant la France. Un talent des plus exer-
cés pourra seul apprécier, dans un compte d'ensemble,
toute la portée et le mérite de ce beau livre ; nous choisi-
rons dans cette œuvre encyclopédique, divisée en plusieurs
traités spéciaux, le plus perpétuel de ces traités, celui où
la sainteté du serment est si magnifiquement rétablie
contre la doctrine du parjure, et considérée à bon droit
comme le dernier moyen d'ordre public dans la société.
Puisse une rapide analyse être agréée par l'éminent écri-
vain à qui je rends hommage, et contribuer, pour sa faible
part, à maintenir les bons esprits et les cœurs vrais dans
ce dernier sentiment sauveur, et dans sa manifestation :
Fidélité ! Serment !

§ II.

La question du serment est pour le roi, le citoyen, l'homme et Dieu lui-même, la question de l'ordre, de l'honneur,
du salut. C'est donc bien la question vitale. C'est de plus,
et très essentiellement comme très évidemment, la question *actuelle*.

Arrière l'enseignement de la foi douteuse. Il n'y a de vie durable que dans la pratique cordiale du serment. — Avec les 213,000 fonctionnaires de l'almanach royal, instituant ou rectifiant leurs subordonnés, les 200,000 électeurs dont la plupart sont fonctionnaires, et les 40,000 assermentés de l'almanach ecclésiastique, tous vraiment fidèles, — quel gouvernement, même faible, ne serait tout-puissant pour exister et se fortifier ? — Les erreurs, les illusions, les crimes sur le serment et le parjure sont la plaie de la France au XIXe siècle : la sonder c'est la guérir.

M. Madrolle, procédant synthétiquement, commence par cette proposition admirable de simplicité et de hardiesse : *Le serment suppose, car il a pour objet, le catholicisme et le catholique, la fidélité et le fidèle.* — Et il le prouve par les lois de tous les peuples, par l'histoire universelle de la fidélité aux puissances.

L'ancienne loi commandait aux hommes pour le roi non-seulement l'obéissance et l'honneur, mais encore la pensée. *In cogitatione tuâ Regi ne detrahas.* (Eccles. X. 20). La nouvelle loi veut la fidélité jusqu'à l'amour, même envers le prince infidèle, mauvais et dyscole. — Bossuet, dans sa *Politique tirée de l'Écriture sainte*, fait remarquer que le caractère royal a toujours été saint et sacré pour le peuple de Dieu, même dans les princes infidèles, Cyrus, Nabucho-donosor, Balthazar, Assuérus, Achab, Josabel, Joram, Manassès [1], et davantage encore pour les chrétiens, même sous Tibère et Néron [2]. — Tertullien s'écrie, au milieu des persécutions : *Arrachez aux chrétiens une ame qui répand des vœux pour l'empereur.* — Durant 700 ans, pas d'exemple de

---

[1] Rois III. XIX, XX ; IV. III, VI, XXI ; — Isaie, XLV.
[2] Math. XXII; Act. XXV; Tim., Rom. XIII.

désobéissance aux empereurs sous prétexte de religion. A la chute même de l'empire, lorsque les Césars, laissant à l'abandon sa capitale, se renfermèrent dans l'Orient, *on pâtit longtemps*, dit toujours Bossuet, *avant que d'en venir à cette extrémité*. Les remontrances des chrétiens aux empereurs furent toujours soumises, modestes, respectueuses en réalité autant qu'en apparence. Encore aujourd'hui, on ne peut les lire sans se sentir porté à l'obéissance. Les seules armes de l'Église furent et doivent être toujours ses vœux et ses prières persévérantes. Un mot supérieur aux plus belles pages de Bossuet est celui de St-Jean : *Pour n'avoir rien à craindre de la puissance la plus usurpatrice, dyscole, terrible*, FAITES BIEN ! — Cette doctrine de fidélité à tous les princes (bons ou mauvais) est confirmée par l'autorité des principes de St-Ambroise, Tertullien, St-Augustin, Fénélon, et par l'autorité des faits, magnifiques comme les principes : c'est la légion Thébaine (5,566 soldats chrétiens) décimée sans résistance par Maximien pour refus de sacrifier aux faux Dieux, et encouragée à cette obéissance par son premier tribun et son enseigne, Maurice et Exupère; c'est St-Athanase et Lucifer de Cagliari priant pour Constance leur persécuteur; St-Ambroise demeuré seul fidèle à Justine et Valentinien II, après avoir beaucoup souffert de leur prédilection pour les Ariens; et St-Augustin non moins fidèle à Julien l'apostat et à Néron.

Dans le Paganisme, l'idée de serment n'impliquait pas moins *universellement* celle d'une absolue *fidélité*. — Honorez les Dieux, et *respectez le serment*, dit Pythagore. Les Dieux eux-mêmes juraient par le Styx; et rien n'est délicieux à prouver l'histoire comme la mythologie, c'est-à-dire les *légendes* du Paganisme. La Théogonie d'Hésiode est aussi précise; et Denys d'Halicarnasse disait au dernier

siècle de l'ère ancienne : « La dernière pensée admise par
» les hommes en société, et que le temps n'effacera jamais ,
» est le serment, où les Dieux sont cautions *et même par-*
» *ties au contrat.* » — Les Perses et les Mèdes juraient par le
soleil ; les Grecs et les Carthaginois furent les grands men-
teurs et les parjures des anciens, et pourtant , surtout en
Grèce, les plus grands hommes (Périclès et Alexandre, par
exemple) étaient le plus liés par le serment.. — Les Athéniens voulaient poursuivre Euripide pour avoir fait dire à
Hyppolyte, qu'il ne tiendrait point son serment de garder
le secret de la reine.—Une loi, plus belle que leurs mœurs,
prescrivait aux Athéniens âgés de vingt ans , de se consa-
crer par serment à la patrie dans le temple d'Agraule ,
fille de Cécrops. — A Rome, la *Divinité* du serment remon e
jusqu'à Numa , et fut la première cause de la grandeur
romaine. Le Dieu *Fidius* était représenté entre l'honneur
et la vérité se touchant la main. Cicéron , dans son traité
des devoirs , définit le serment une affirmation religieuse
en présence de Dieu, et rappelle que la Foi fut placée par
les premiers Romains dans le Capitole, tout proche du plus
grand des Jupiter.—Et Tite-Live : *Eâ pietate omnium pectora*
imbuerunt, ut fides ac jusjurandum pro summo legum pœnarum
metu civitatem regerent. (Liv. VII). Même au temps de la dé-
cadence, et jusque dans le Bas-Empire , les moins mauvais
empereurs considéraient le serment comme le dernier
frein des vainqueurs vaincus de l'ancien monde. Rome ,
dit Montesquieu, était un vaisseau tenu par deux ancres
dans la tempête : la religion et les mœurs. Dans le forum ,
le serment était au dessus du jugement et de la chose
jugée : *Jusjurandum majorem auctoritatem quàm res judicata.*
Loi 2ᵉ ff.

    Le Christianisme qui , en toutes choses , a voulu confirmer et faciliter la loi et le devoir, érigea le serment en sacrement et en fit une des deux bases de la société. Le Sauveur recommande à la vérité à ses disciples *de ne jurer en aucune façon;* comme Solon avait dit auparavant : *Soyez si homme de bien qu'on se fie plutôt à votre probité qu'à votre serment;* c'est-à-dire : Soyez entre vous si fidèles que nul n'ait à révoquer en doute la bonne foi d'un autre; mais, si l'on vous demande votre serment pour établir votre loyauté, le refuser serait manquer à la piété et à la charité tout à la fois.

Aussi l'histoire du serment à Athènes et surtout à Rome, les admirables définitions et formules antiques sont-elles encore celles du serment dans les monarchies nouvelles. Depuis le fonctionnaire et le soldat jusqu'à l'empereur, *ce grand mystère de la république romaine* liait tous les citoyens; et bientôt la société chrétienne ne fut qu'un immense et perpétuel réseau de serments réciproques, de fois et hommages, de fidélité, ou mieux, disons le mot, de féodalité — peu connue et calomniée.—Entre tous, ceux des rois de France, à leur *sacre,* furent dès l'origine, d'une solennité, d'une gravité qui ne fit qu'augmenter avec le temps. Louis XVI les tint *le dernier* jusqu'à la mort, et surtout à la mort.

La loi du combat singulier eut en vue de fortifier celle du serment qui, elle-même, avait été la première loi des Bourguignons à leur arrivée dans les Gaules. Le roi Gondebaud en rend supérieurement raison : « *C'est,* dit-il, *afin que nos sujets ne fassent plus de serments sur des faits obscurs et ne se parjurent point sur des faits certains.* Mais pour avoir une belle source et un côté beau, le combat n'en était pas moins un abus; aussi, quoique rétabli comme remède extrême par Charlemagne, à la demande des assemblées gé-

nérales de la nation, et tout empreint qu'il était de religion
et de foi, le combat judiciaire fut-il aboli par St-Louis.

Le serment, qui est de trois sortes, religieux, politique
et civil, est non-seulement un droit, mais un commande-
ment de Dieu, un sacrement de seconde majesté. Une fois
prêté, il est censé renouvelé tous les jours. Le serment
politique, est de tous, le plus sacré, comme demandé par
le pouvoir, qui y a le plus d'intérêt, qui en a le plus besoin, surtout quand c'est un pouvoir encore nouveau. Et
Dieu, qui connaît le dessein de celui qui parle, *prend toujours la réponse dans le même sens que celui qui demande le serment.* — C'EST DIEU QUI, SE METTANT A LA PLACE DU
ROI, DEMANDE LE SERMENT, ET L'ENTEND COMME IL
SAIT QUE LE ROI LE DÉSIRE.

§ III.

Mais n'y a-t-il point d'exception à une si étroite obliga-
tion de fidélité? M. Madrolle en admet une seule, plus apparente que réelle, dit-il, et confirmant surtout la règle :
l'exception du pouvoir qui manque à tout le monde, qui
se manque à lui-même; — du *pouvoir* enfin qui ne *peut*
plus, ou qui ne veut plus (ce qui est encore pire) la pro-
tection, le salut du peuple et des individus; — du pouvoir
suicidé et.... mort. — Les coupables sont ceux qui l'ont

entraîné-là, par leur parjure; et quant aux prêteurs de serments multiples, *à la suite des révolutions*, ils ne sont pas aussi coupables qu'on le dit, et qu'ils se croient peut-être eux-mêmes, s'ils demeurent vraiment fidèles à leurs serments successifs. — Seulement, la fidélité au premier serment a, toutes choses égales, l'avantage de supposer plus de conviction, de conséquence, de désintéressement; l'infidélité apparente ôte de la force et déconsidère.

Il y a deux exemples types, de Saul à David et des Antiochus aux Machabées. — Dans le cas de l'exception, la seule question pourrait être, pour les jureurs multiples, de savoir le jour, le moment où le devoir du nouveau serment et la fin de l'ancien commencent. — Or, ce n'est pas après 16 ans de durée pour la dynastie de 1830, qu'il y a, pour un Français de bonne foi, incertitude sérieuse sur le commencement et la fin de son serment. — La conclusion est évidente : c'est que la fidélité au Roi des Français est universellement et également obligatoire pour tous ceux qui l'ont jurée, dans le sens, selon le désir et le besoin du Roi qui la demande; — c'est qu'il n'y a point de distinction à faire entre le serment des lèvres et le serment du cœur; entre la fidélité jusqu'à l'amour, la fidélité *utile*, et cette soi-disant fidélité qui consisterait uniquement à ne rien faire contre le prince à qui on l'a jurée.

Ainsi se trouve combattue et condamnée par l'auteur, la doctrine interprétative émise à la tribune par MM. Berryer, de la Rochejaquelain, etc. Leur serment à Louis-Philippe, loin de pouvoir comporter une interprétation qui en atténue la force, est d'autant plus obligatoire et sacré, qu'ils sont plus élevés, plus importants, qu'ils doivent plus au Roi, et qu'ils le prêtent à lui personnellement. — Le serment prêté à un nouveau pouvoir, loin d'avoir moins de gravité et d'importance que celui prêté à l'ancien, en a, s'il est possible, davantage; et plus le serment a été violé avant vous et par d'autres, plus vous avez de raison et de devoir de le garder vous-même. — Ce système, dira-t-on, tranquillise et justifie presque les révolutions. — *Une* sans doute (répond l'auteur), la présente, toujours unique, au préjudice des futures, *multiples*, et s'appelant l'une l'autre, que votre *indifférence en matière de religion du serment* organise, systématise, dogmatise.

§ IV.

Quoi de plus clair, de plus vrai, de meilleur qu'une telle doctrine : le serment oblige à la fidélité *jusqu'à l'amour* même envers les mauvais princes; — on ne peut en être délié que par l'abandon du pouvoir ou par sa chute, à la condition de ne contribuer *aucunement* à l'un ni à l'autre; — on peut prêter plusieurs serments et leur être fidèle; mais il est plus honorable de n'en prêter et de n'en garder qu'un seul. Et pour témoin : Dieu qui reçoit le serment dans le sens où il est demandé, sans interprétation, sans équivoque. TESTIS IN COELIS. Telle est la devise de l'auteur, et le sceau même de ses lettres.

Cette doctrine n'est point exposée sèchement comme l'analyse m'y a contraint. Autant les principes sont simples, les conséquences certaines, les convictions inébranlables,

autant M. Madrolle y ajoute d'attraits par la hardiesse du
style, la finesse des aperçus et un luxe inouï (presque toujours bien entendu) d'exemples et de formules, de citations
et de rapprochements. — Tout cela est si vrai qu'on finit
par le trouver naïf; et ceci est encore un éloge; car les
élucubrations et les commentaires des hommes de parti
n'ont rien de cette honorable naïveté dont toutefois leur
subtilité , Dieu aidant , ne triomphera pas.

A côté de l'histoire de la fidélité au serment, M. Madrolle
a donné celle du parjure. Je ne le suivrai pas dans cette
partie essentielle de son œuvre; mais j'y renvoie le lecteur
avec confiance. Là sont appréciés d'un point de vue tout
nouveau, — celui de la politique, chrétienne, catholique,
— des hommes à qui la politique humaine a fait une place
et un rôle éminents dans l'histoire; et on doit s'attendre à
ce que Richelieu, Mazarin, qui ont aspiré à réunir sur leur
tête le sacerdoce et l'empire, n'y soient pas plus épargnés
que tant d'autres orgueilleux dont l'étonnante liste se déroule
et subit de la main consciencieuse de l'auteur, un stygmate
trop mérité. L'histoire du parjure de Lepelletier de St.-Far-
geau, et de son influence sur le martyre de Louis XVI, y tient
une place à part. — Toutes les législations ont porté des
peines sévères contre la violation du serment; mais sa
véritable expiation, le véritable moyen de redevenir fidèle,
sont les PLEURS AMERS ! — *Et recordatus Petrus verbi Jesu,
quod dixerat: priusquam gallus cantet, ter me negabis. Et
egressus foris*, FLEVIT AMARE. Math. C. XXVII.

Du vrai au vrai, de Dieu à Dieu, telle est la droite visée,
la marche constante de M. Madrolle, qui ramène inflexible-
ment dans cette voie ses opinions, ses sentiments humains
les plus chers. Les autres parties du *Manifeste de l'Église
Romaine dans le monde politique*, et surtout sa conclusion,

expliquent quelle solution il espère (par Dieu seul, à raison de toute impuissance humaine) des grandes questions qui agitent aujourd'hui la France. Dans cette pensée , l'observation rigoureuse des serments prêtés au Roi des Français, *dans le sens même où il les a demandés* , est non-seulement un devoir, mais la seule conduite raisonnable et logique qu'on puisse tenir. N'est-ce pas chose admirable, émouvante pour le cœur, autant que satisfaisante pour l'esprit, d'entendre exposer cette vérité par l'homme assurément le moins suspect de servilité et d'aveuglement dans son respect pour Louis-Philippe , qu'il a cependant maintes fois appelé le plus grand Roi qu'ait eu la France *depuis Louis XIII?*

Le traité *de la Sainteté du serment* se termine ainsi :

     « La flatterie est le pire peut-être de tous les parjures;
» et le courage de dire et savoir dire la vérité aux rois et aux
» peuples, la plus sûre des fidélités: c'est aussi celle que
» nous aurons, grâce à Dieu, accomplie dans cet ouvrage. »

Et moi, j'en reviens à ma première pensée: la voix de M. Madrolle est la plus salutaire (*bien que parfois la plus dure)* qui se fasse entendre au temps où nous vivons. Heureux celui qui l'écoute ! Et, de telles gens qui se bouchent à demi les oreilles, ou qui chantent plus haut... de peur d'avoir peur..., il en est encore beaucoup qui tirent bon fruit de cette parole, et le plus souvent sans s'en douter.

A. GUICHON DE GRANDPONT.

APPENDICE

LOI SUR LE SERMENT.

[31 août 1830.]

Art. 1ᵉʳ. — Tous les fonctionnaires publics dans l'ordre administratif et judiciaire, les officiers des armées de terre et de mer, seront tenus de prêter le serment dont la teneur suit :

‹ Je jure fidélité au Roi des Français, obéissance à › la Charte constitutionnelle et aux lois du royaume. ›

Il ne pourra être exigé d'eux aucun autre serment, si ce n'est en vertu d'une loi.

Art. 3. — Nul ne pourra siéger dans l'une ou l'autre chambre, s'il ne prête le serment exigé par la présente loi.

LOI SUR LES ÉLECTIONS.

[19 avril 1831.]

Art. 47. — Avant de voter pour la première fois, chaque électeur prête le serment prescrit par la loi du 31 août 1830.

PETITE PARAPHRASE.

FIDES REGI, OBEDIENTIA LEGI.

FIDES. — Scilicet ut fulvum spectatur in ignibus aurum
Tempore sic duro est inspicienda fides.

[OVIDE.]

A en croire Lucain, la fidélité serait plus rare chez les gens de guerre.

Nulla fides pietas que viris qui castra sequuntur.

Cela est trop absolu ; mais toujours est-il que la paix est une aisance,
un moyen de fidélité ; et ce n'est pas un de ses moindres avantages.

REX. — O decus ! ô patriœ per te florentis imago !

[OVIDE.]

OBEDIENTIA. — .... Deùm prœcepta secuti
Venimus hûc.

[VIRGILE.]

Valde magnum est in obedientia stare.

[IMIT. CHR.]

LEX. — .... Jussa viri faciunt ;
Suntque datæ leges, ne fortior omnia possît.

[OVIDE]

www.ingramcontent.com/pod-product-compliance
Lightning Source LLC
Chambersburg PA
CBHW060733280326
41933CB00013B/2619